Impressum
Verlag: BABADADA GmbH, Nedderfeld 112 , 22529 Hamburg
Geschäftsführer / Verlagsleitung: Harald Hof
Druck: Books on Demand GmbH, In de Tarpen 42, 22848 Norderstedt

Imprint
Publisher: BABADADA GmbH, Nedderfeld 112 , 22529 Hamburg, Germany
Managing Director / Publishing direction: Harald Hof
Print: Books on Demand GmbH, In de Tarpen 42, 22848 Norderstedt

საკლასო ოთახი
sınıf

გაყოფა
böl

186/2

დაფა
tahta

სკოლის ეზო
okul bahçesi

მასწავლებელი
öğretmen

ქაღალდი
kağıt

წერა
yazmak

კალამი
kalem

მაგიდა
masa

სახაზავი
cetvel

წიგნი
kitap

მოსწავლე
öğrenci

ზურგჩანთა
okul çantası

პენალი
kalemlik

ფანქარი
kurşun kalem

ფანქრების სათლელი
kalem açacağı

საშლელი
silgi

ნახატების ალბომი
çizim defteri

ნახატი

çizim

ფუნჯი

resim fırçası

სალებავის ყუთი

boya kutusu

მაკრატელი

makas

წებო

tutkal

სავარჯიშო რვეული

alıştırma kitabı

საშინაო დავალება

ödev

12

ნომერი

sayı

2+2

დამატება

ekle

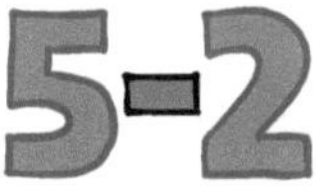

5-2

გამოკლება

çıkar

2×2

გამრავლება

çarp

გამოთვლა

hesapla

A

წერილი

harf

ABCDEFG
HIJKLMN
OPQRSTU
VWXYZ

ანბანი

alfabe

სიტყვა

kelime

ტექსტი

metin

წაკითხვა

okumak

ცარცი

tebeşir

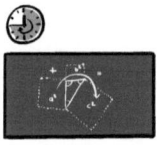

გაკვეთილი

ders

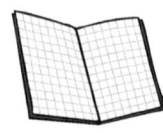

რეგისტრაცია

kayıt

გამოცდა

sınav

სერტიფიკატი

sertifika

სკოლის ფორმა

okul forması

განათლება

eğitim

ენციკლოპედია

ansiklopedi

უნივერსიტეტი

üniversite

მიკროსკოპი

mikroskop

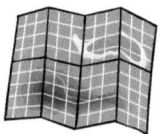

რუქა

harita

კალათა ნარჩენი
ქაღალდებისათვის

kağıt çöp kutusu

სასტუმრო
otel

Grand

ჰოსტელი
pansiyon

ROOMS

EXCHANGE

ვალუტის გადაცვლის პუნქტი
döviz bürosu

ჩემოდანი
bavul

მანქანა
otomobil

ენა

dil

კი / არა

evet / hayır

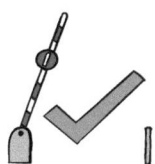

კარგი

Tamam

გამარჯობა

merhaba

მთარგმნელი

çevirmen

გმადლობთ

Teşekkür ederim

რა ღირს... ?

bu ... ne kadar?

ვერ გავიგე

anlamadım

პრობლემა

problem

აღამო მშვიდობისა!

İyi akşamlar!

დილა მშვიდობისა!

Günaydın!

ღამე მშვიდობისა!

İyi geceler!

ნახვამდის

güle güle

მიმართულება

yön

ბარგი

bagaj

ჩანთა

çanta

ზურგჩანთა

sırt çantası

სტუმარი

misafir

ოთახი

oda

საძილე ტომარა

uyku tulumu

კარავი

çadır

ტურისტული ინფორმაცია
turist danışma

სანაპირო
sahil

საკრედიტო ბარათი
kredi kartı

საუზმე
kahvaltı

ლანჩი
öğle yemeği

ვახშამი
akşam yemeği

ბილეთი
Bilet

ლიფტი
asansör

საფოსტო მარკა
pul

საზღვარი
sınır

საბაჟო
gümrük

საელჩო
elçilik

ვიზა
vize

პასპორტი
pasaport

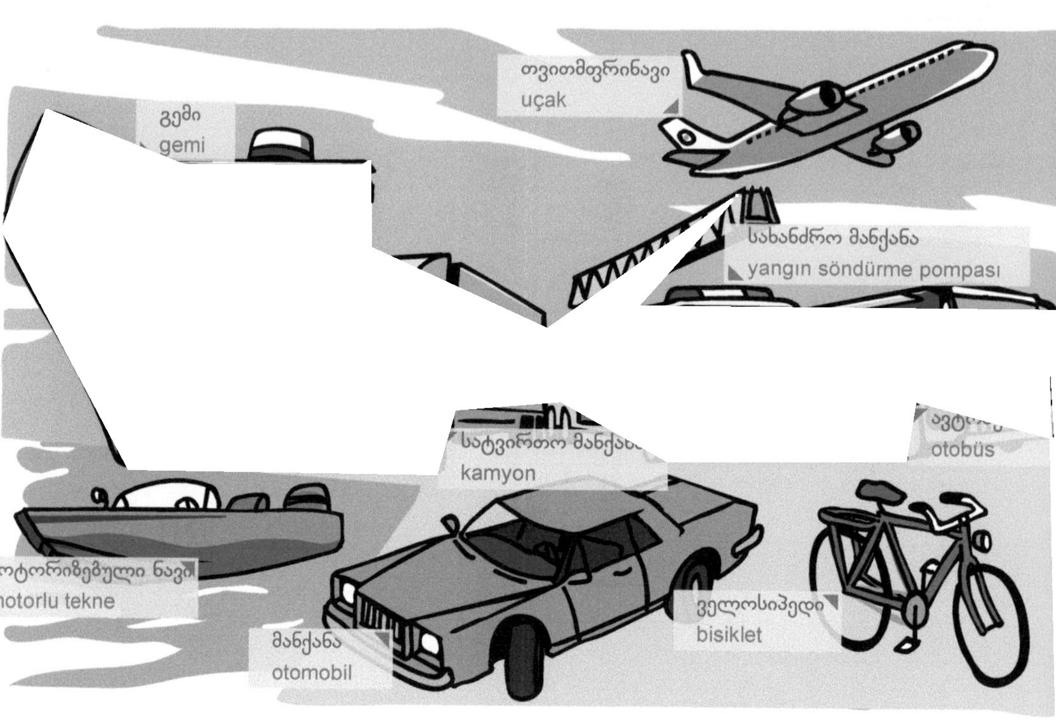

თვითმფრინავი
uçak
გემი
gemi
სახანძრო მანქანა
yangın söndürme pompası
სატვირთო მანქან
kamyon
otobüs
მოტორიზებული ნავი
motorlu tekne
მანქანა
otomobil
ველოსიპედი
bisiklet

ბორანი

feribot

ნავი

bot

მოტოციკლი

motosiklet

პოლიციის მანქანა

polis arabası

სარბოლო მანქანა

yarış arabası

დაქირავებული მანქანა

kiralık araba

მანქანის ერთობლივი მოხმარება

ortak araba

საბუქსირე მანქანა

çekici

ნაგვის მანქანა

çöp kamyonu

ძრავა

motor

საწვავი

yakıt

ბენზინგასამართი სადგური

benzinlik

საგზაო ნიშანი

trafik işareti

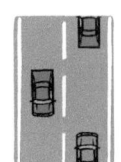

მოძრაობა

trafik

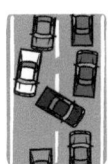

საცობი

trafik sıkışıklığı

მანქანის სადგომი

otopark

მატარებლის სადგური

tren istasyonu

ლიანდაგები

ray

მატარებელი

tren

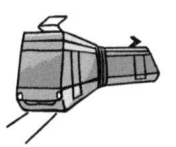

ტრამვაი

tramvay

ვაგონი

vagon

ვერტმფრენი
helikopter

აეროპორტი
havaalanı

კოშკი
kule

მგზავრი
yolcu

კონტეინერი
konteyner

მუყაოს ყუთი
koli

ურიკა
yük arabası

კალათა
sepet

აფრენა / დაშვება
kalkış / iniş

şehir

სოფელი
köy

ქალაქის ცენტრი
şehir merkezi

სახლი
ev

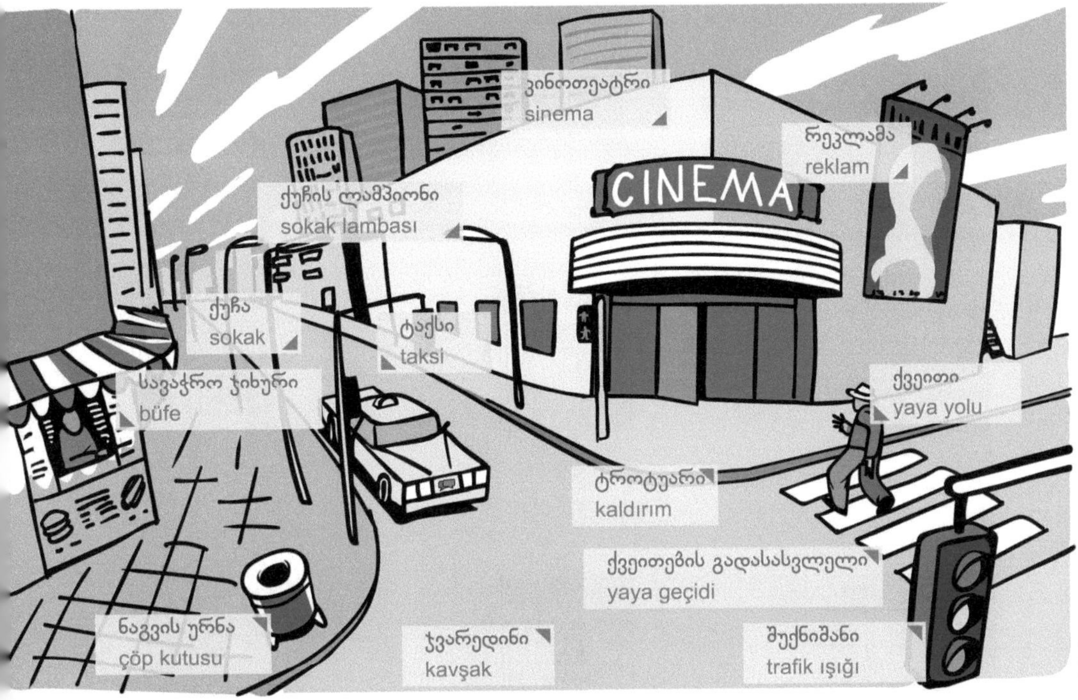

CINEMA
კინოთეატრი
sinema
რეკლამა
reklam
ქუჩის ლამპიონი
sokak lambası
ქუჩა
sokak
ტაქსი
taksi
სავაჭრო ჯიხური
büfe
ქვეითი
yaya yolu
ტროტუარი
kaldırım
ქვეითების გადასასვლელი
yaya geçidi
ნაგვის ურნა
çöp kutusu
ჯვარედინი
kavşak
შუქნიშანი
trafik ışığı

ქოხი

kulübe

ბინა

apartman dairesi

მატარებლის სადგური

tren istasyonu

მუნიციპალიტეტი

belediye binası

მუზეუმი

müze

სკოლა

okul

უნივერსიტეტი

üniversite

ბანკი

banka

საავადმყოფო

hastane

სასტუმრო

otel

აფთიაქი

eczane

ოფისი

ofis

წიგნების მაღაზია

kitapçı

მაღაზია

mağaza

ფლორისტი

çiçekçi

სუპერმარკეტი

süpermarket

ბაზარი

market

მაღაზიის განყოფილება

büyük mağaza

თევზის გამყიდველი

balık satıcısı

სავაჭრო ცენტრი

alışveriş merkezi

ნავსადგომი

liman

პარკი

park

გრძელი სკამი

bank

ხიდი

köprü

კიბეები

merdiven

მიწისქვეშა გადასასვლელი

metro

გვირაბი

tünel

ავტობუსის გაჩერება

otobüs durağı

ბარი

bar

რესტორანი

restoran

საფოსტო ყუთი

posta kutusu

ქუჩის ნიშანი

sokak tabelası

პარკინგის საზომი

otopark sayacı

ზოოპარკი

hayvanat bahçesi

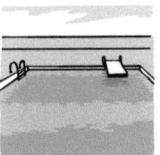

საცურაო აუზი

yüzme havuzu

მეჩეთი

cami

ფერმა

çiftlik

გარემოს დაბინძურება

kirlilik

სასაფლაო

mezarlık

ეკლესია

kilise

საბავშვო მოედანი

oyun alanı

ტაძარი

tapınak

arazi

ი
yaprak
გზის მანიშნებელი ნიშანი
yön tabelası
გზა
yol
მდელო
çayır
ქვა
taş
ხე
ağa
მოგზაური
yürüyüşçü
მდინარე
ırmak
ბალახი
çimen
ყვავილი
çiçek

ხეობა

vadi

გორაკი

tepe

ტბა

göl

ტყე

orman

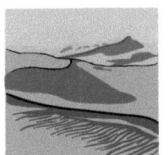

უდაბნო

çöl

ვულკანი

volkan

ციხე

kale

ცისარტყელა

gökkuşağı

სოკო

mantar

პალმა

palmiye

კოღო

sivrisinek

ბუზი

sinek

ჭიანჭველა

karınca

ფუტკარი

arı

ობობა

örümcek

ხოჭო

böcek

ბაყაყი

kurbağa

ციყვი

sincap

ზღარბი

kirpi

კურდღელი

yabani tavşan

ბუ

baykuş

ფრინველი

kuş

გედი

kuğu

ტახი

yaban domuzu

ირემი

geyik

ცხენ-ირემი

geyik

კაშხალი

baraj

ქარის ტურბინა

rüzgar türbini

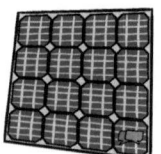

მზის ბატარეა

güneş paneli

კლიმატი

iklim

მიმტანი
garson
მენიუ
menü
სკამი
sandalye
სუპი
çorba
პიცა
pizza
დანა-ჩანგალი
çatal - bıçak
მაგიდაზე გადასაფარებელი
masa örtüsü

საუზმე

başlangıç

მთავარი კერძი

ana yemek

დესერტი

tatlı

დასალევი

içecekler

საჭმელი

yemek

ბოთლი

şişe

სწრაფი კვება
fastfood

ქუჩის საჭმელი
sokak yemeği

ჩაიდანი
çaydanlık

საშაქრე
şekerlik

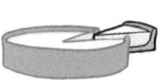

პორცია
porsiyon

ესპრესოს მანქანა
espresso makinesi

მაღალი სკამი
mama sandalyesi

ანგარიში
fatura

ლანგარი
tepsi

დანა
bıçak

ჩანგალი
çatal

კოვზი
kaşık

ჩაის კოვზი
çay kaşığı

ხელსახოცი
servis peçetesi

ჭიქა
bardak

რესტორანი - restoran

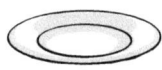

თეფში
tabak

სუპის თეფში
çorba kasesi

ჩაის ლამბაქი
fincan altlığı

საწებელი
sos

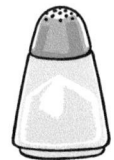

სამარილე
tuzluk

წიწაკის საფქვავი
karabiber değirmeni

ძმარი
sirke

ზეთი
yağ

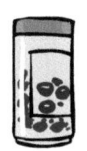

სანელებლები
baharat

კეტჩუპი
ketçap

მდოგვი
hardal

მაიონეზი
mayonez

süpermarket

სპეციალური შეთავაზება
özel teklif
მომხმარებელი
müşteri
რძის ნაწარმი
süt ürünleri
ხილი
meyve
ურიკა
alışveriş arabası

საყასბო

kasap

საცხობი

fırın

აწონვა

tartmak

ბოსტნეული

sebze

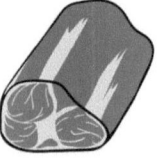

ხორცი

et

გაყინული საკვები

donmuş gıda

გრილი ხორცი

söğüş et

კონსერვები

konserve yiyecek

სარეცხი ფხვნილი

toz deterjan

ტკბილეული

şekerlemeler

საყოფაცხოვრებო პროდუქტები

ev temizlik ürünleri

სარეცხი საშუალებები

temizlik ürünleri

გამყიდველი

satış görevlisi

სალარო

yazar kasa

მოლარე

kasiyer

საყიდლების სია

alışveriş listesi

მუშაობის საათები

açılış saatleri

პორტმანი

cüzdan

საკრედიტო ბარათი

kredi kartı

ჩანთა

çanta

პლასტიკური პარკი

plastik poşet

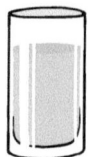

წყალი

su

წვენი

meyve suyu

რძე

süt

კოკა-კოლა

kola

ღვინო

şarap

ლუდი

bira

ალკოჰოლი

alkol

კაკაო

kakao

ჩაი

çay

ყავა

kahve

ესპრესო

espresso

კაპუჩინო

kapuçino

ბანანი

muz

ვაშლი

elma

ფორთოხალი

portakal

საზამთრო

kavun

ლიმონი

limon

სტაფილო

havuç

ნიორი

sarımsak

ბამბუკი

bambu

ხახვი

soğan

სოკო

mantar

კაკალი

çerez

ატრია

makarna

სპაგეტი

spagetti

ბრინჯი

pirinç

სალათი

salata

ჩიპსები

cips

შემწვარი კარტოფილი

patates kızartması

პიცა

pizza

ჰამბურგერი

hamburger

სენდვიჩი

sandviç

კოტლეტი

şinitzel

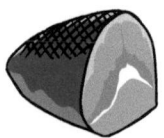

ლორი

pastırma

სალიამი

salam

ძეხვი

sosis

წიწილა

tavuk

შემწვარი ხორცი

rosto

თევზი

balık

შვრიის ფაფა

yulaf ezmesi

მუსლი

müsli

სიმინდის ფანტელები

mısır gevreği

ფქვილი

un

კრუასანი

kruvasan

ბულკი

küçük ekmek

პური

ekmek

ტოსტი

tost

ნამცხვრები

bisküvi

კარაქი

tereyağı

ხაჭო

kaymak

ტორტი

kek

კვერცხი

yumurta

ერბო-კვერცხი

sahanda yumurta

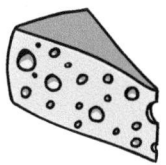

ყველი

peynir

ნაყინი

dondurma

შაქარი

şeker

თაფლი

bal

ჯემი

reçel

შოკოლადის კრემი

fındık ezmesi

კარი

köri

çiftlik

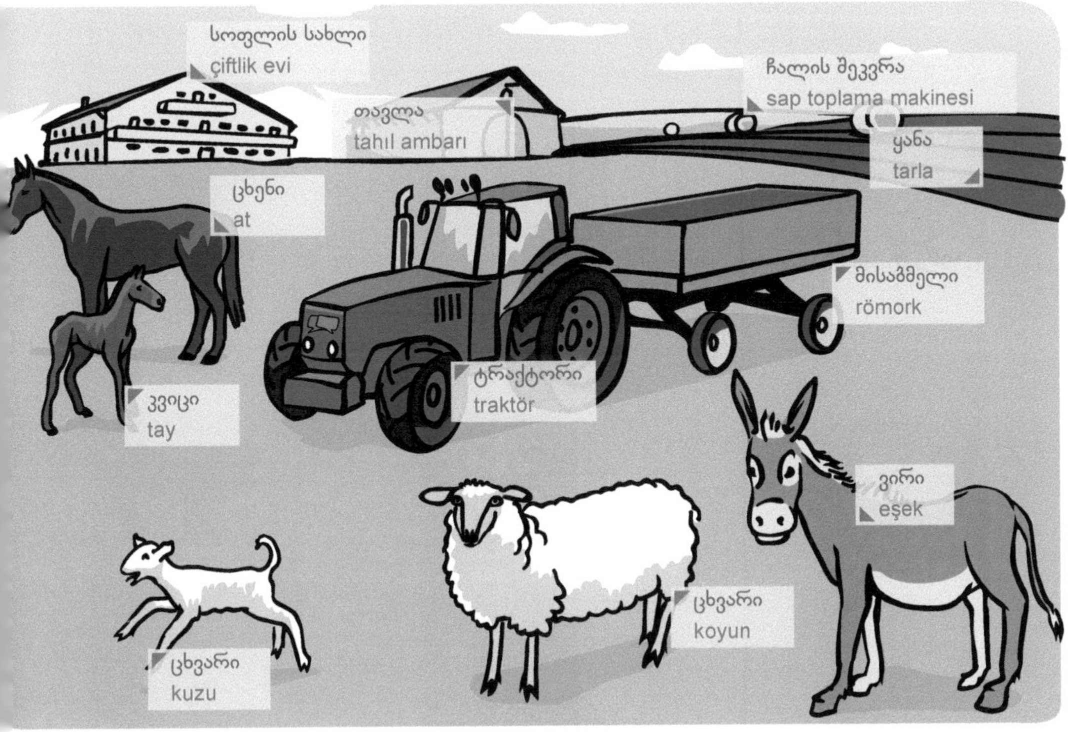

სოფლის სახლი
çiftlik evi
თავლა
tahıl ambarı
ჩალის შეკვრა
sap toplama makinesi
ყანა
tarla
ცხენი
at
მისაბმელი
römork
ტრაქტორი
traktör
tay
ვირი
eşek
ცხვარი
koyun
ცხვარი
kuzu

თხა

keçi

ძროხა

inek

ხბო

buzağı

ღორი

domuz

გოჭი

domuz yavrusu

ხარი

boğa

ფერმა - çiftlik

ბატი

kaz

იხვი

ördek

წიწილა

civciv

ქათამი

tavuk

მამალი

horoz

ვირთხა

sıçan

კატა

kedi

თაგვი

fare

ხარი

öküz

ძაღლი

köpek

საძაღლე

köpek kulübesi

ბაღის შლანგი

bahçe hortumu

საბაღე წურწურა

sulama kabı

ცელი

tırpan

გუთანი

pulluk

ნამგალი

orak

თოხი

çapa

პატივის სახვეტი ჩანგალი

dirgen

ცული

balta

მაზიდი

el arabası

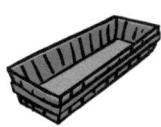

გობი

yemlik

რძის ბიდონი

süt kovası

ტომარა

çuval

ღობე

çit

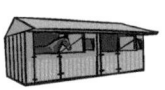

ბოსელი

ahır

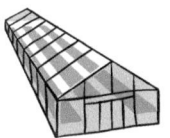

სათბური

sera

ნიადაგი

toprak

თესლი

tohum

სასუქი

gübre

მოსავლის ამღები კომბაინი

biçerdöver

მოსავლის აღება

hasat etmek

მოსავალი

harman

იამი

tatlı patates

ხორბალი

buğday

სოიო

soya

კარტოფილი

patates

სიმინდი

mısır

სარეველას თესლი

kolza

ხეხილი

meyve ağacı

მანიოკი

manyok

მარცვლეული

hububat

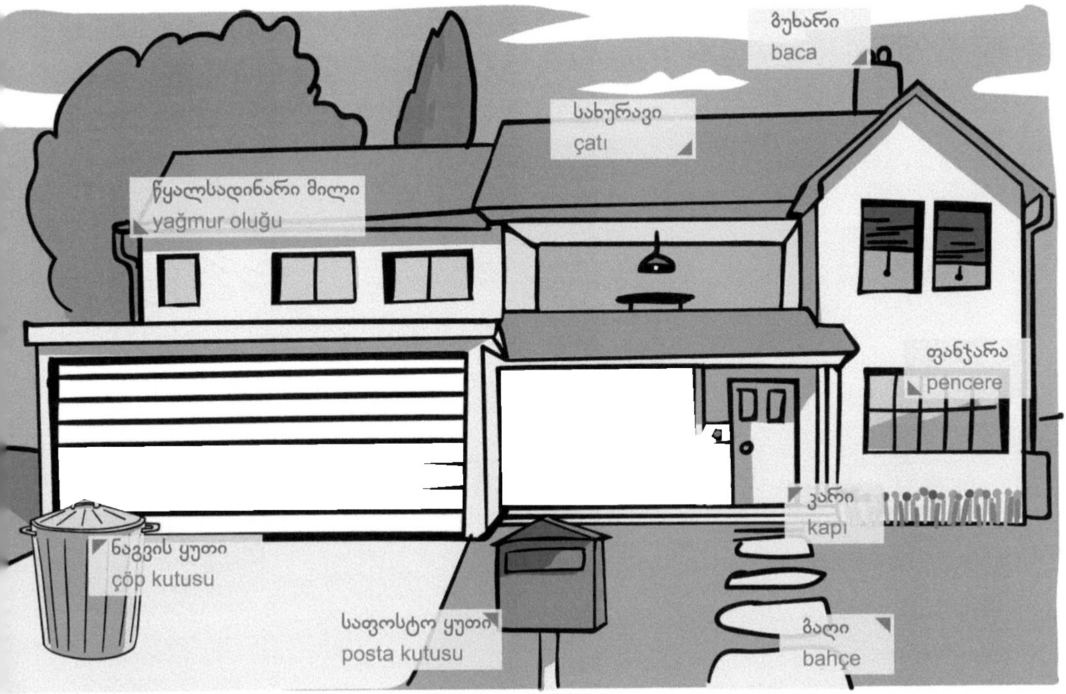

ბუხარი
baca

სახურავი
çatı

წყალსადინარი მილი
yağmur oluğu

ფანჯარა
pencere

კარი
kapı

ნაგვის ყუთი
çöp kutusu

საფოსტო ყუთი
posta kutusu

ბაღი
bahçe

მისაღები ოთახი

oturma odası

აბაზანა

banyo

სამზარეულო

mutfak

საძინებელი

yatak odası

საბავშვო ოთახი

çocuk odası

სასადილო ოთახი

yemek odası

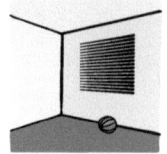

სართული
zemin

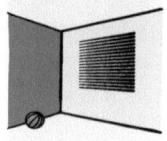

კედელი
duvar

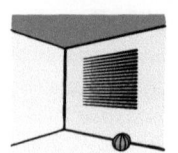

ჭერი
tavan

სარდაფი
kiler

საუნა
sauna

აივანი
balkon

ტერასა
teras

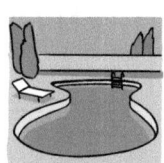

აუზი
havuz

გაზონის საკრეჭი
çim biçme makinesi

საბნის კონვერტი
çarşaf

საწოლი
yatak örtüsü

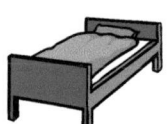

ლოგინი
yatak

ცოცხი
süpürge

სათლი
kova

გადამრთველი
anahtar

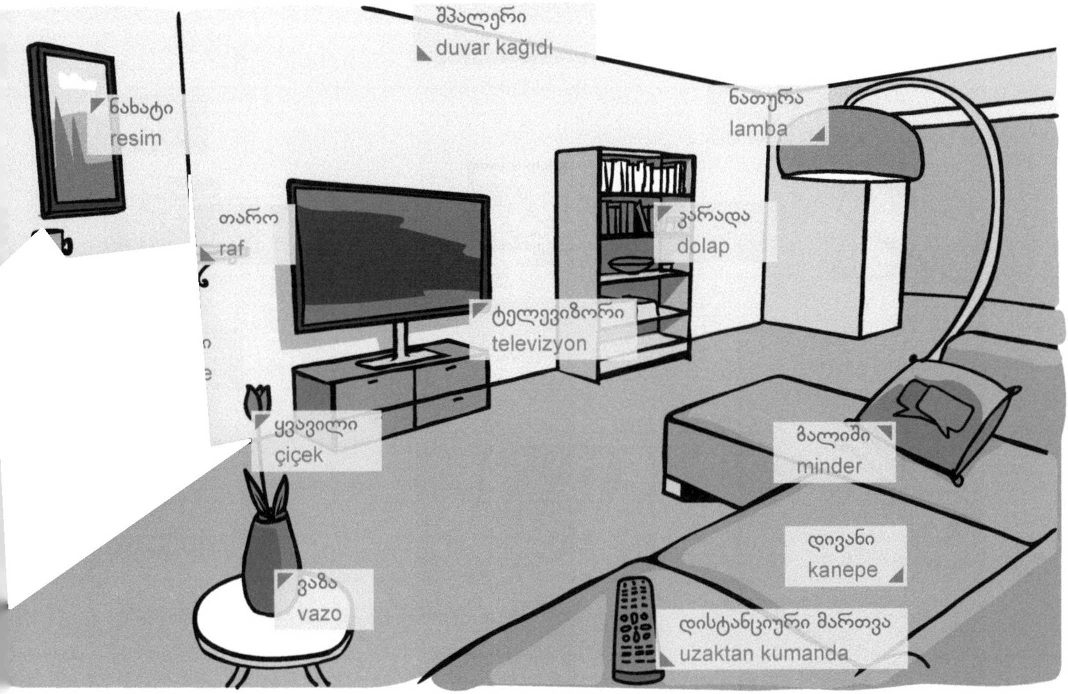

შპალერი
duvar kağıdı

ნახატი
resim

ნათურა
lamba

თარო
raf

კარადა
dolap

ტელევიზორი
televizyon

ყვავილი
çiçek

ბალიში
minder

ვაზა
vazo

დივანი
kanepe

დისტანციური მართვა
uzaktan kumanda

ხალიჩა
halı

ფარდა
perde

მაგიდა
masa

სკამი
sandalye

სარწეველა სკამი
salıncaklı koltuk

სავარძელი
koltuk

წიგნი
kitap

საბანი
battaniye

დეკორაცია
dekor

შეშა
odun

ფილმი
film

hi-fi მოწყობილობები
hi-fi

გასაღები
anahtar

გაზეთი
gazete

ფერწერა
tablo

პლაკატი
poster

რადიო
radyo

ბლოკნოტი
defter

მტვერსასრუტი
elektrikli süpürge

კაქტუსი
kaktüs

სანთელი
mum

mutfak

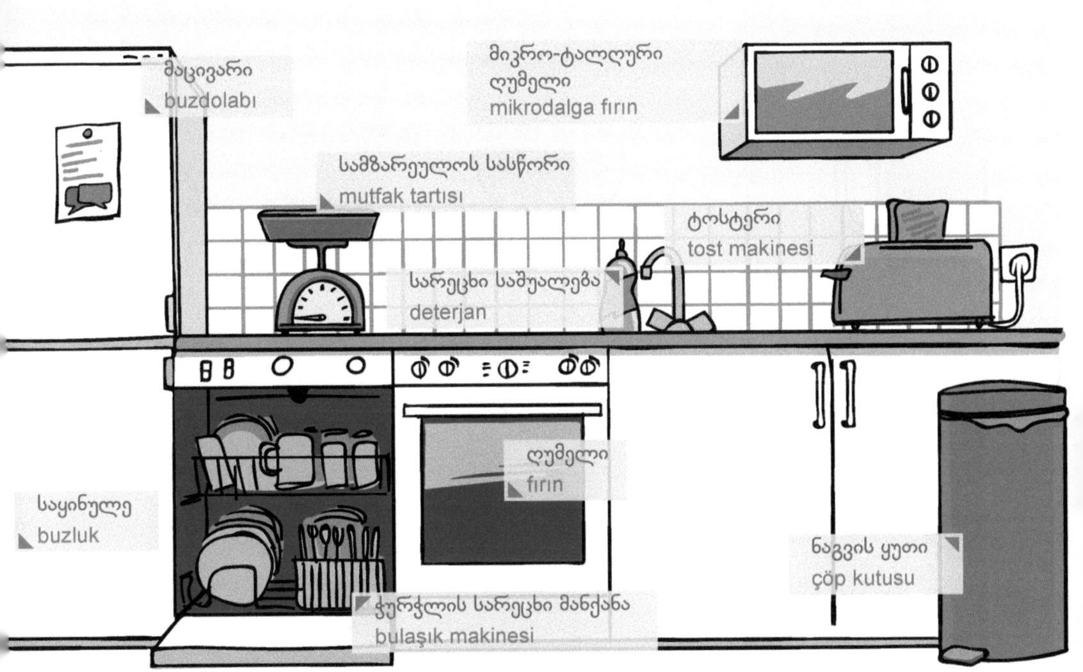

მაცივარი
buzdolabı
მიკრო-ტალღური ღუმელი
mikrodalga fırın
სამზარეულოს სასწორი
mutfak tartısı
ტოსტერი
tost makinesi
სარეცხი საშუალება
deterjan
ღუმელი
fırın
საყინულე
buzluk
ნაგვის ყუთი
çöp kutusu
ჭურჭლის სარეცხი მანქანა
bulaşık makinesi

გაზქურა

ocak

ქოთანი

tencere

თუჯის ქვაბი

döküm tencere

ტაფა ამოზერილი ფსკერით
wok

ტაფა

tava

ჩაიდანი

su ısıtıcı

სამზარეულო - mutfak

ორთქლსახარში

buharlı pişirici

საცხობი ლანგარი

pişirme tepsisi

ჭურჭელი

tabak takımı

კათხა

kupa

თასი

kase

ჩინური ჩხირები

çubuk (çin yemeği)

ჩამჩა

kepçe

ფითხი

spatula

სათქვეფელა

çırpma teli

საწური

süzgeç

საცერი

elek

სახეხი

rende

სანაყი

havan

გრილი

barbekü

კოცონი

açık ateş

დაფა

kesme tahtası

საგორავი

merdane

ბურღი

tirbüşon

ქილა

konserve kutusu

ქილის გასახსნელი

konserve açacağı

ქოთნის დამჭერი

fırın eldiveni

ნიჟარა

evye

ფუნჯი

fırça

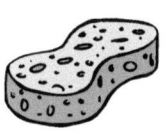

ღრუბელი

sünger

ბლენდერი

blender

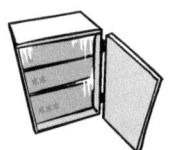

საყინულე კამერა

derin dondurucu

საბავშვო ბოთლი

biberon

ონკანი

musluk

banyo

გათბობა
ısıtma

შხაპი
duş

პირსახოცი
havlu

საშხაპე ფარდა
duş perdesi

ღრუბლიანი აბანო
köpük banyosu

ვანა
küvet

ჭიქა
bardak

სარეცხი მანქანა
çamaşır makinesi

ფილები
fayans

ონკანი
musluk

ლამის ქოთანი
lazımlık

ნიჟარა
evye

ტუალეტი

tuvalet

იატაკის ტუალეტი

alaturka tuvalet

ბიდე

bide

კედლის პისუარი

pisuvar

ტუალეტის ქაღალდი

tuvalet kağıdı

ტუალეტის ჯაგრისი

tuvalet fırçası

კბილის ჯაგრისი

diş fırçası

კბილის პასტა

diş macunu

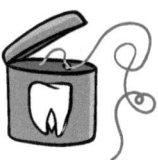

კბილის ძაფი

diş ipi

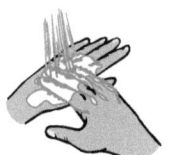

რეცხვა

yıkamak

ხელის შხაპი

duş başlığı

ინტიმური შხაპი

duş başlığı şeklinde taharet musluğu

ტაშტი

küvet

ზურგის სახეხი ფუნჯი

banyo fırçası

საპონი

sabun

შხაპის გელი

duş jeli

შამპუნი

şampuan

ნეჭა

banyo lifi

სანიაღვრე

gider

კრემი

krem

დეოდორანტი

deodorant

სარკე

ayna

ხელის სარკე

el aynası

ბრიტვა

jilet

საპარსი ქაფი

tıraş köpüğü

საშუალება გაპარსვის შემდეგ

tıraş losyonu

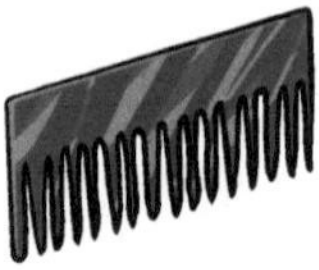

სავარცხელი

tarak

ჯაგრისი

fırça

თმის საშრობი

saç kurutma makinesi

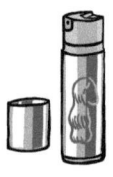

თმის ლაქი

saç spreyi

კოსმეტიკა

makyaj

ტუჩების პომადა

ruj

ფრჩხილის ლაქი

tırnak cilası

ბამბა

pamuk

ფრჩხილის მაკრატელი

tırnak makası

სუნამო

parfüm

კოსმეტიკის ჩანთა

makyaj çantası

ტაბურეტი

tabure

სასწორი

tartı

სააბაზანო ხალათი

bornoz

რეზინის ხელთათმანები

lastik eldiven

ტამპონი

tampon

სანიტარული პირსახოცი

kadın pedi

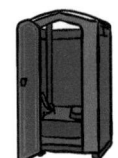

ბიო-ტუალეტი

kimyevi tuvalet

çocuk odası

მაღვიძარა
çalar saat
რბილი სათამაშო
peluş oyuncak
სათამაშო მანქანა
oyuncak araba
ჩხარუნა სათამაშო
çıngırak
თოჯინების სახლი
bebek evi
საჩუქარი
hediye

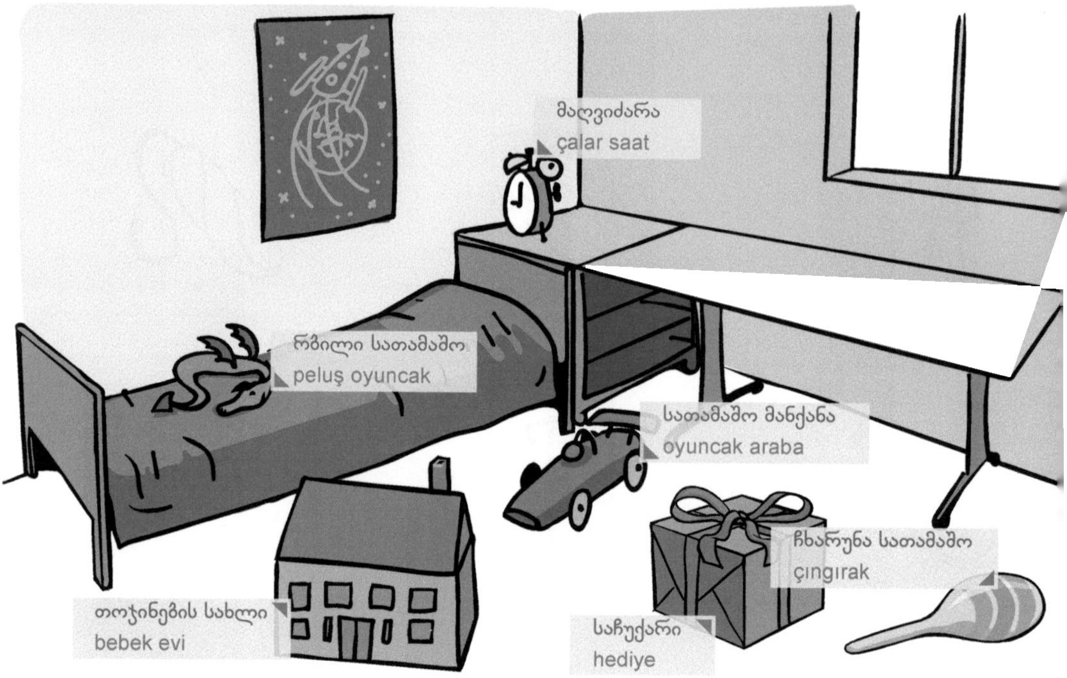

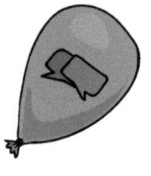

ბუშტი

balon

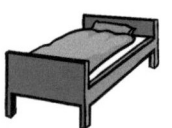

ლოგინი

yatak

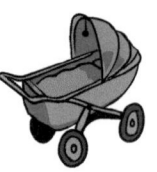

საბავშვო ეტლი

bebek arabası

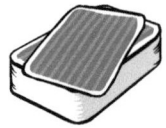

კარტის თამაში

kart destesi

პაზლი

yapboz

SUPER
MEGA

კომიკსი

çizgi roman

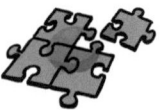

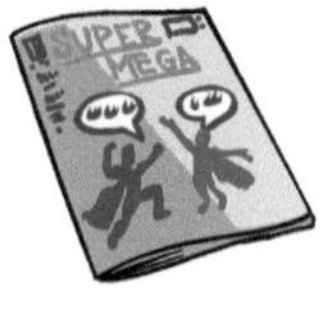

ლეგოს აგურები

lego tuğlaları

ასაშენებელი კუბიკები

lego blokları

სათამაშო ფიგურა

aksiyon figürü

საცოცავი

zıbın

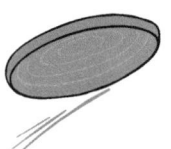

ფრისბი

frizbi

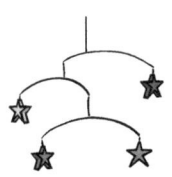

მობილე

dönence

სამაგიდო თამაში

masa oyunu

კამათელი

zar

რკინიგზის მოდელი

model tren seti

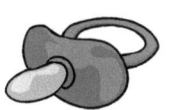

საწოვარა

emzik

წვეულება

parti

წიგნი ნახატებით

resimli kitap

ბურთი

top

თოჯინა

oyuncak bebek

თამაში

oynamak

საქვიშარი

kum havuzu

საქანელა

salıncak

სათამაშოები

oyuncaklar

ვიდეო თამაშის კონსოლი

video oyun konsolu

სამთვლიანი ველოსიპედი

üç tekerlekli bisiklet

დათუნია

oyuncak ayı

გარდერობი

gardırop

kıyafet

წინდები

çorap

ჩულქები

külotlu çorap

კოლგოტები

tayt

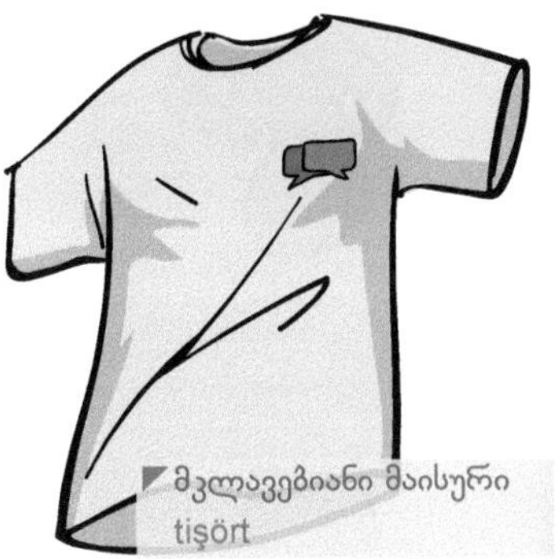

შარფი
eşarp

ქოლგა
şemsiye

მკლავებიანი მაისური
tişört

ქამარი
kemer

ბოტასები
spor ayakkabı

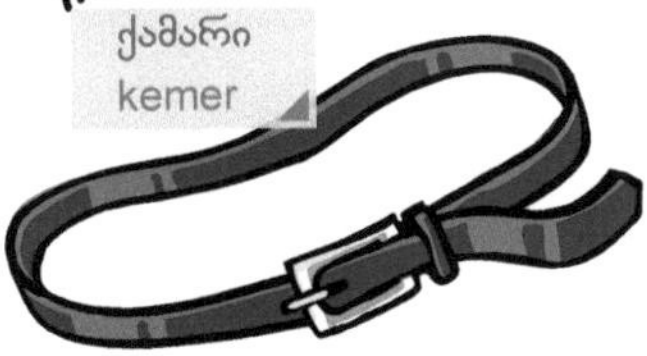

ფეხსაცმელი
bot

ჩუსტები
terlik

სანდლები

sandalet

ფეხსაცმელი

ayakkabı

რეზინის ჩექმები

lastik çizme

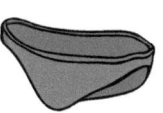

ტრუსები

külot

ბიუსჰალტერი

sütyen

მაისური

yelek

სხეული

dar bluz

შარვალი

pantolon

ჯინსი

kot pantolon

ქვედაკაბა

etek

ბლუზი

bluz

პერანგი

gömlek

სვიტრი

kazak

კაპიუშონიანი ჟაკეტი

süveter

სპორტული ქურთუკი

blazer

ჟაკეტი

ceket

პალტო

mont

საწვიმარი

yağmurluk

კოსტუმი

kostüm

კაბა

elbise

საქორწილო კაბა

gelinlik

კაცის კოსტიუმი

takım elbise

ღამის პერანგი

gecelik

პიჟამოები

pijama

სარი

sari

თავშალი

baş örtüsü

ტურბანი

türban

ჩადრი

burka

ხიფთანი

kaftan

აბაია

çarşaf

საცურაო კოსტუმი

mayo

ჩემოდნები

erkek mayosu

შორტები

şort

სპორტული კოსტიუმი

eşofman

წინსაფარი

önlük

ხელთათმანები

eldiven

ღილი

düğme

სათვალეები

gözlük

სამაჯური

bilezik

ყელსაბამი

kolye

ბეჭედი

yüzük

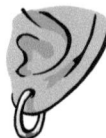

საყურე

küpe

კეპი

kep

საკიდი

portmanto

ქუდი

şapka

ჰალსტუხი

kravat

ელვა-შესაკრავის შეკვრა

fermuar

ჩაფხუტი

kask

აჭიმი

pantolon askısı

სკოლის ფორმა

okul forması

ფორმა

üniforma

ბავშვის წინსაფარი

mama önlüğü

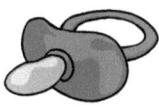

საწოვარა

emzik

პამპერსი

bebek bezi

სერვერი
sunucu

საკანცელარიო კარადა
dosya dolabı

პრინტე...

ქაღალდი
kağıt

მონიტორი
monitör

თაგვი
fare

კლავიატურა

...ათა ნარჩენი ქაღალდებისათვი...
...it çöp kutusu

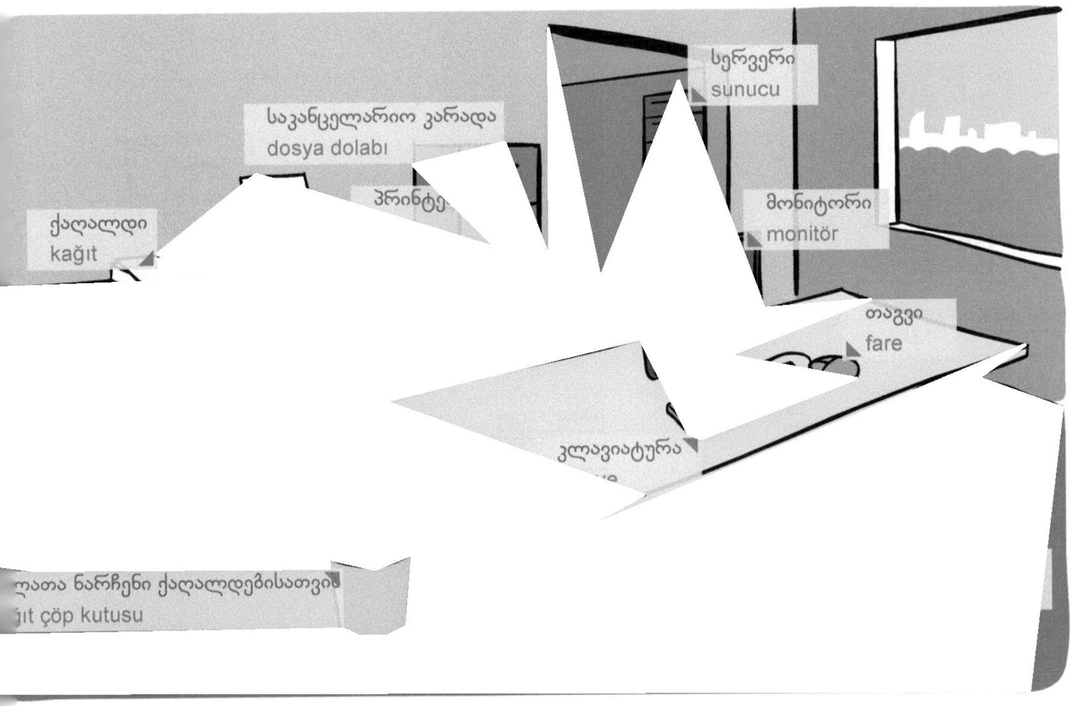

ყავის ფინჯანი

kahve fincanı

კალკულატორი

hesap makinesi

ინტერნეტი

internet

ლეპტოპი
....
dizüstü

წერილი
....
mektup

მესიჯი
....
mesaj

მობილური ტელეფონი
....
cep telefonu

ქსელი
....
ağ

სკანერი
....
fotokopi makinesi

პროგრამული უზრუნველყოფა
yazılım

ტელეფონი
....
telefon

როზეტი
....
priz

ფაქსის მანქანა
....
faks makinesi

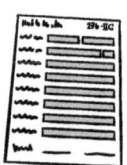

ფორმულარი
....
form

დოკუმენტი
....
belge

ყიდვა

satın almak

გადახდა

ödemek

ვაჭრობა

ticaret yapmak

ფული

para

USD

დოლარი

dolar

EUR

ევრო

avro

JPY

იენი

yen

RUB

რუბლი

ruble

CHF

შვეიცარული ფრანკი

İsviçre frangı

CNY

ჟენმინბი იუანი

Çin yuanı

INR

რუპი

rupi

ბანკომატი

kasa

ვალუტის გადაცვლის პუნქტი
döviz bürosu

ოქრო
altın

ვერცხლი
gümüş

ნავთობი
petrol

ენერგია
enerji

ფასი
fiyat

ხელშეკრულება
kontrat

გადასახადი
vergi

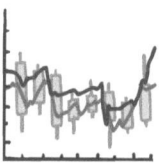

აქცია
menkul değer

მუშაობა
çalışmak

თანამშრომელი
işveren

დამსაქმებელი
işçi

ქარხანა
fabrika

მაღაზია
mağaza

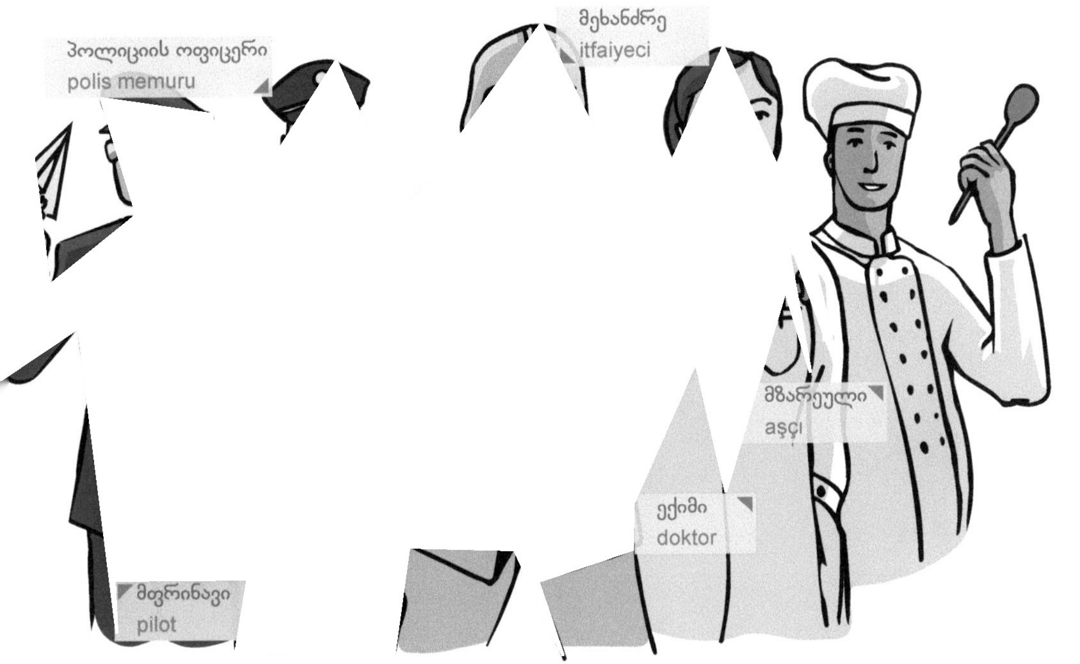

პოლიციის ოფიცერი
polis memuru

მეხანძრე
itfaiyeci

მზარეული
aşçı

ექიმი
doktor

მფრინავი
pilot

მებაღე

bahçıvan

დურგალი

marangoz

თეთრეულის მკერავი
ქალბატონი

terzi

მოსამართლე

hakim

ქიმიკოსი

kimyager

მსახიობი

aktör

ავტობუსის მძღოლი

otobüs şoförü

ტაქსის მძღოლი

taksi şoförü

მეთევზე

balıkçı

დამლაგებელი ქალბატონი

temizlikçi

სახურავის ოსტატი

çatı ustası

მიმტანი

garson

მონადირე

avcı

ფერმწერი

boyacı

მცხობელი

fırıncı

ელექტრიკოსი

elektrikçi

მშენებელი

inşaatçı

ინჟინერი

mühendis

ყასაბი

kasap

სანტექნიკოსი

muslukçu

ფოსტალიონი

postacı

ჯარისკაცი

asker

არქიტექტორი

mimar

მოლარე

kasiyer

ფლორისტი

çiçekçi

პარიკმახერი

kuaför

კონდუქტორი

kondüktör

მექანიკოსი

tamirci

კაპიტანი

kaptan

სტომატოლოგი

dişçi

მეცნიერი

bilim insanı

რაბინი

haham

იმამი

imam

ბერი

keşiş

სასულიერო პირი

rahip

aletler

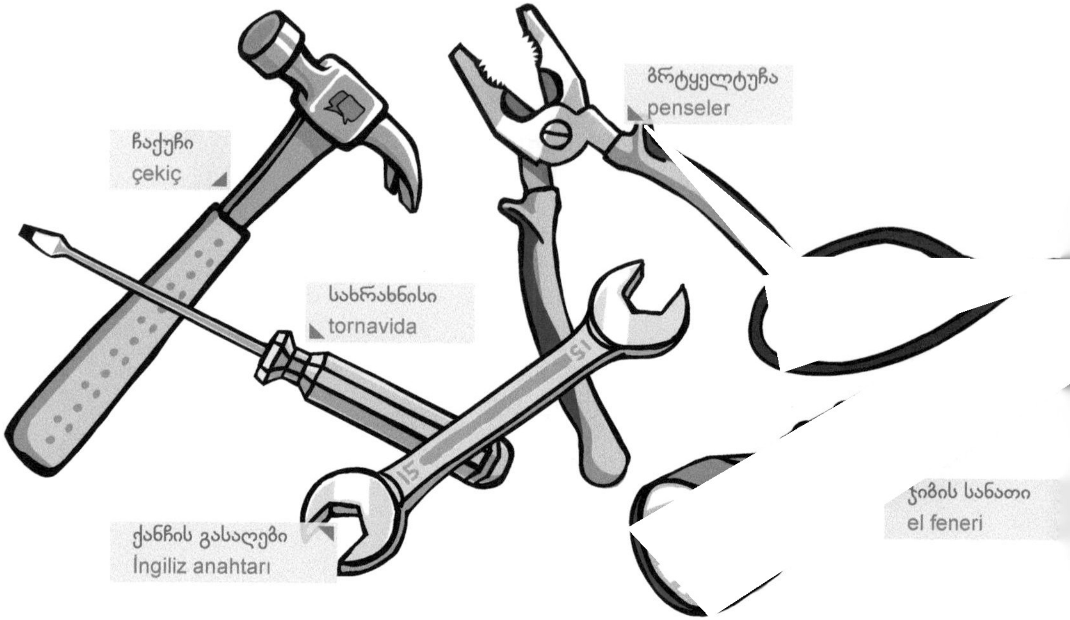
ჩაქუჩი
çekiç
გრტყელტუჩა
penseler
სახრახნისი
tornavida
ქანჩის გასაღები
İngiliz anahtarı
ჯიბის სანათი
el feneri

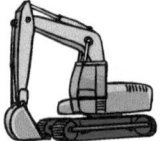

ექსკავატორი

kazı makinesi

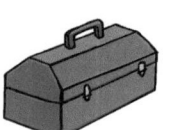

იარაღების ყუთი

alet çantası

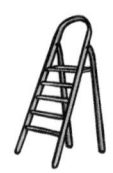

კიბე

merdiven

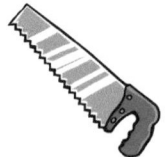

ხერხი

testere

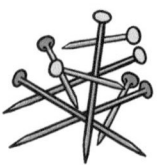

ლურსმები

çiviler

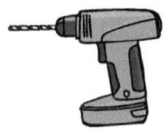

საბურღი

matkap

შეკეთება

tamir etmek

ნიჩაბი

kürek

ანდაბა!

Kahretsin!

აქანდაზი

faraş

საღებავის ქოთანი

boya tenekesi

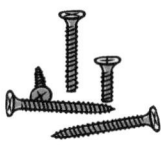

ხრახნები

vidalar

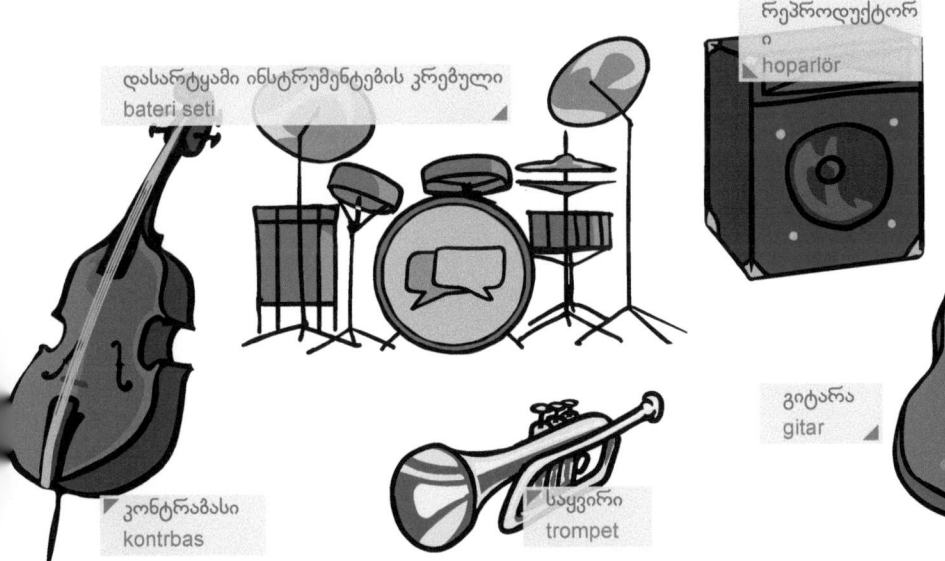

müzik enstrümanı

რეპროდუქტორ
ი
hoparlör
დასარტყამი ინსტრუმენტების კრებული
bateri seti
გიტარა
gitar
კონტრაბასი
kontrbas
საყვირი
trompet

ფორტეპიანო

piyano

ვიოლინო

keman

ბასი

basgitar

ტიმპანონი

timpani

დასარტყამები

bateri

კლავიშები

klavye

საქსოფონი

saksafon

ფლეიტა

flüt

მიკროფონი

mikrofon

ვეფხვი
kaplan
შესასვლელი
giriş
გალია
kafes
ზებრა
zebra
ცხოველთა საკვები
hayvan yemi
პანდა
panda

ცხოველები
hayvanlar

სპილო
fil

კენგურუ
kanguru

მარტორქა
gergedan

გორილა
goril

დათვი
ayı

აქლემი
deve

სირაქლემა
deve kuşu

ლომი
aslan

მაიმუნი
maymun

ფლამინგო
flamingo

თუთიყუში
papağan

პოლარული დათვი
kutup ayısı

პინგვინი
penguen

ზვიგენი
köpek balığı

ფარშევანგი
tavus kuşu

გველი
yılan

ნიანგი
timsah

ზოოპარკის მფლობელი
hayvanat bahçesi görevlisi

სელაპი
fok

იაგუარი
jaguar

პონი

midilli atı

ლეოპარდი

leopar

ბეჰემოტი

su aygırı

ჟირაფი

zürafa

არწივი

kartal

ტახი

yaban domuzu

თევზი

balık

კუ

kaplumbağa

მორჟი

mors

მელა

tilki

გაზელი

ceylan

ამერიკული ფეხბურთი
amerikan futbolu

ველოსპორტი
bisiklete binme

ჩოგბურთი
tenis

კალათბურთი
basketbol

ცურვა
yüzme

კრივი
boks

ყინულის ჰოკეი
buz hokeyi

ფეხბურთი
....
futbol

გადმინტონი
....
badminton

მძლეოსნობა
....
atletizm

ხელბურთი
....
hentbol

სათხილამურო სპორტი
....
kayak

წყლის პოლო
....
polo

დაცინვა
gülmek

გადახტომა
atlamak

ჩახუტება
sarılmak

სეირნობა
yürümek

სიმღერა
söylemek

ონემზომბა
hayal etmek

ლოცვა
dua etmek

კოცნა
öpmek

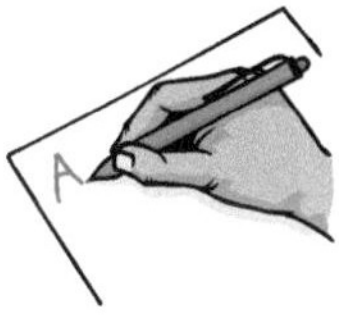

წერა
yazmak

დახატვა
çizmek

ჩვენება
göstermek

დაჭერა
itmek

მიცემა
vermek

აღება
almak

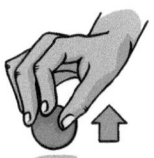

ქონა

sahip olmak

კეთება

yapmak

ყოფნა

olmak

დგომა

ayakta durmak

გარბენა

koşmak

მოქაჩვა

çekmek

გადაყრა

atmak

დაცემა

düşmek

ტყუილის თქმა

yalan söylemek

მოცდენა

beklemek

ტარება

taşımak

ჯდომა

oturmak

ჩაცმა

giyinmek

ძილი

uyumak

გაღვიძება

uyanmak

დათვალიერება
bakmak

ტირილი
ağlamak

გაუთოება
vurmak

დავარცხნა
taramak

ლაპარაკი
konuşmak

გაგება
anlamak

შეკითხვა
sormak

მოსმენა
dinlemek

დალევა
içmek

ჭამა
yemek

დალაგება
düzenlemek

ყვარება
sevmek

კერძების მზადება
pişirmek

სვლა
sürmek

ფრენა
uçmak

აფრის ქვეშ სიარული

denize açılmak

გამოთვლა

hesapla

წაკითხვა

okumak

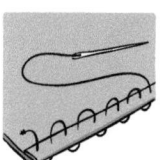

შესწავლა

öğrenmek

მუშაობა

çalışmak

ქორწინება

evlenmek

კერვა

dikmek

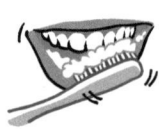

კბილების ხეხვა

diş fırçalamak

მოკვლა

öldürmek

მოწევა

sigara içmek

გაგზავნა

yollamak

ბებია
büyükanne

ბაბუა
büyükbaba

მამა
baba

დედა
anne

ბავშვი
bebek

ქალიშვილი
kız

ვაჟიშვილი
oğul

სტუმარი
misafir

დეიდა
teyze

ბიძა
amca

ძმა
erkek kardeş

და
kız kardeş

vücut

შუბლი
alın
თვალი
göz
მხარი
omuz
თითი
parmak
სახე
yüz
ნიკაპი
çene
ხელი
el
მკერდი
göğüs
ფეხი
bacak
მკლავი
kol

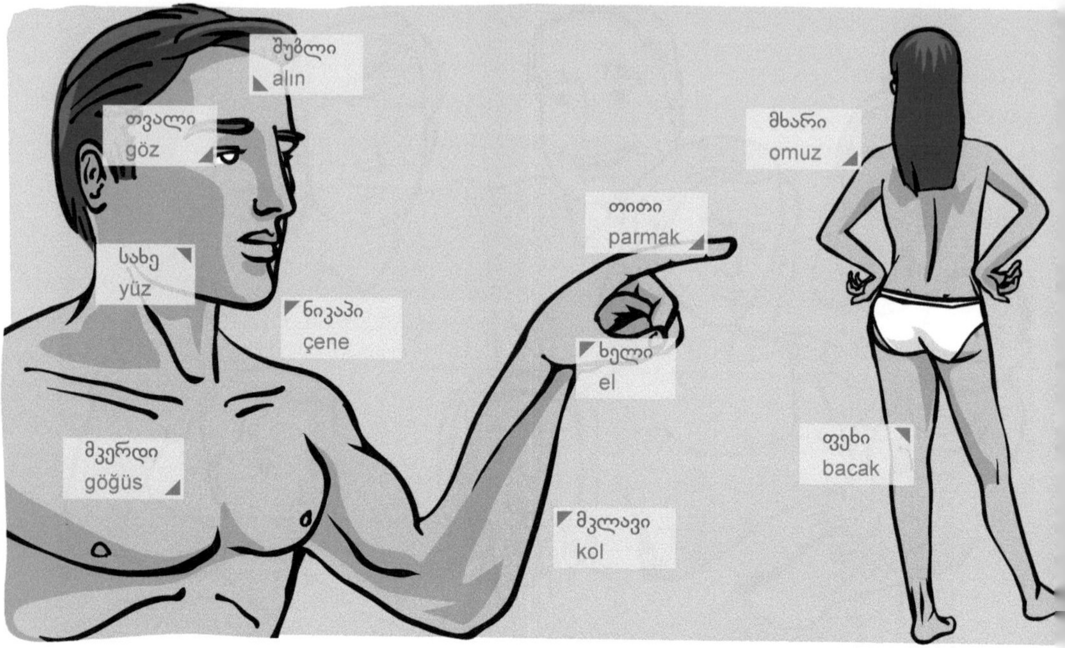

ბავშვი
bebek

კაცი
adam

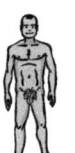

ქალი
kadın

გოგო
kız

ბიჭი
erkek çocuk

თავი
baş

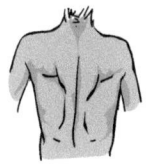

ზურგი

sırt

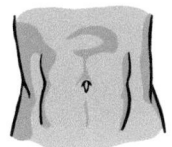

მუცელი

karın

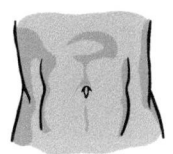

ჭიპი

göbek

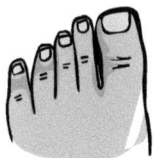

ფეხის თითი

ayak parmağı

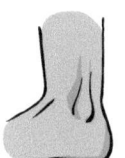

ქუსლი

topuk

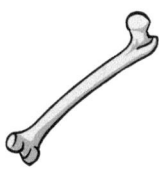

ძვალი

kemik

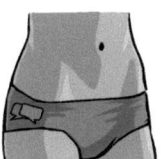

ბარძაყი

kalça

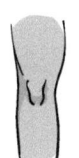

მუხლი

diz

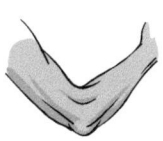

იდაყვი

dirsek

ცხვირი

burun

დუნდულა

kalça

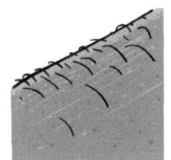

კანი

deri

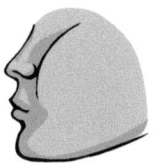

ლოყა

yanak

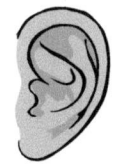

ყური

kulak

ტუჩი

dudak

პირი

ağız

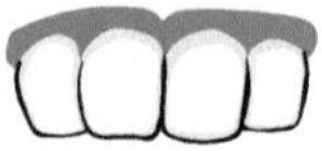

კბილი

diş

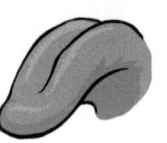

ენა

dil

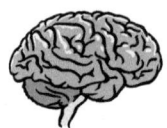

ტვინი

beyin

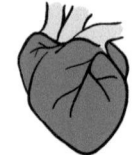

გული

kalp

კუნთი

kas

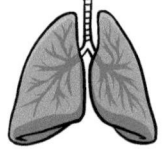

ფილტვი

akciğer

ღვიძლი

karaciğer

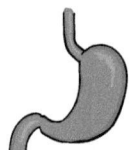

კუჭი

mide

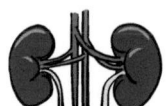

თირკმელები

böbrekler

სექსი

seks

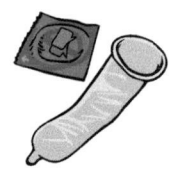

პრეზერვატივი

prezervatif

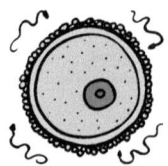

კვერცხუჯრედი

yumurtalık

სპერმა

sperm

ორსულობა

hamilelik

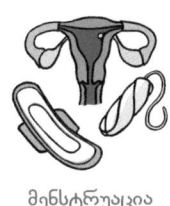

მენსტრუაცია

regl

საშო

vajina

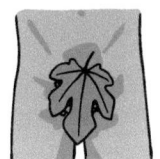

პენისი

penis

წარბი

kaş

თმა

saç

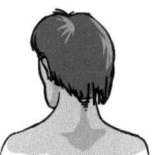

კისერი

boyun

hastane

საავადმყოფო
sandalye
მოტეხილობა
kırık

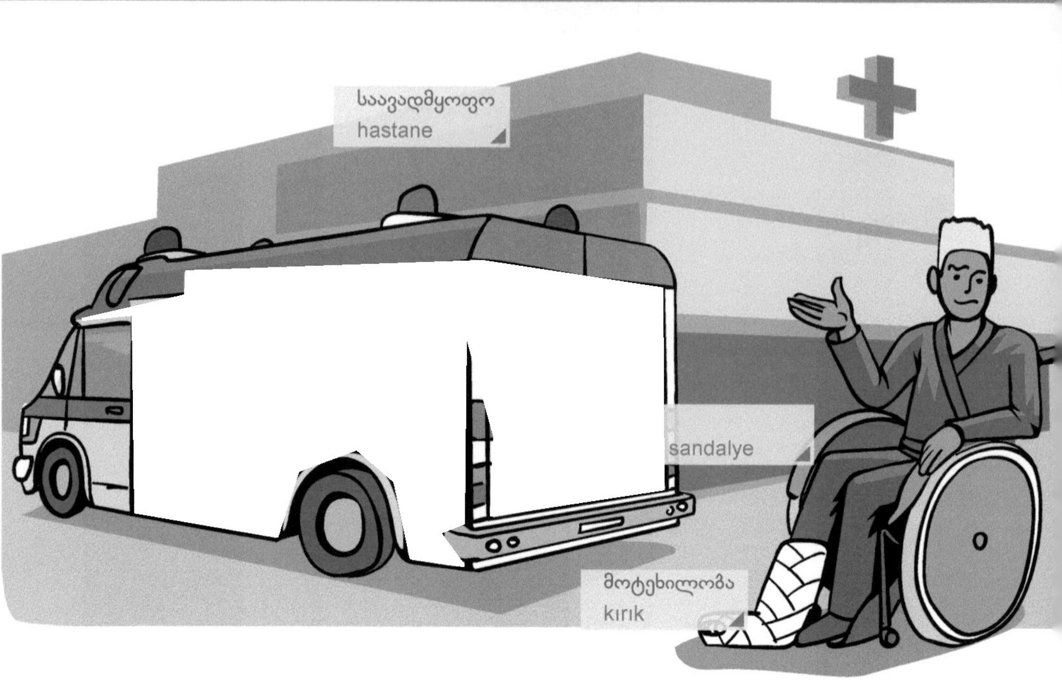

ექიმი

doktor

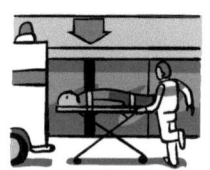

პირველი დახმარების ოთახი

acil servis

მედდა

hemşire

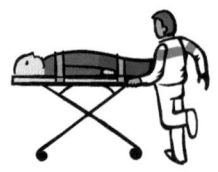

გადაუდებელი შემთხვევა

acil

უგონოდ მყოფი

baygın

ტკივილი

acı

72 საავადმყოფო - hastane

დაზიანება

yaralanma

სისხლდენა

kanama

გულის შეტევა

kalp krizi

ინსულტი

felç

ალერგია

alerji

ხველა

öksürük

ცხელება

ateş

გრიპი

grip

დიარეა

ishal

თავის ტკივილი

baş ağrısı

კიბო

kanser

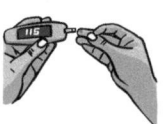

დიაბეტი

şeker hastalığı

ქირურგი

cerrah

სკალპელი

neşter

ოპერაცია

operasyon

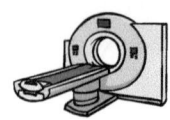

კ.ტ.
bilgisayarlı tomografi

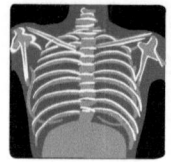

რენტგენი
röntgen

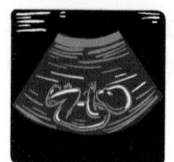

ულტრაბგერა
ultrason

ნიღაბი
yüz maskesi

დაავადება
hastalık

მოსაცდელი ოთახი
bekleme odası

ყავარჯენი
koltuk değneği

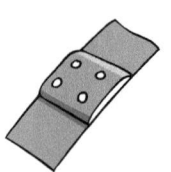

თაბაშირი
yara bandı

ბინტი
bandaj

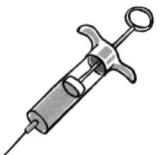

ინექცია
enjeksiyon

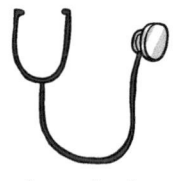

სტეტოსკოპი
steteskop

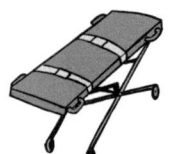

საკაცე
sedye

თერმომეტრი
tıbbi termometre

დაბადება
doğum

ჭარბი წონა
fazla kilo

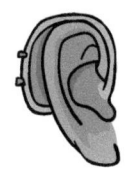

სმენის აპარატი

işitme cihazı

სადეზინფექციო საშუალება

dezenfektan

ინფექცია

enfeksiyon

ვირუსი

virüs

აივ / შიდსი

HIV / AIDS

წამალი

ilaç

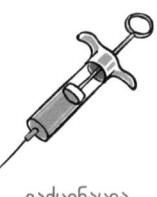

ვაქცინაცია

aşı

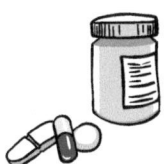

ტაბლეტები

tablet

აბი

hap

გადაუდებელი გამოძახება

acil çağrı

წნევის საზომი აპარატი

tansiyon aleti

ავადმყოფი / ჯანმრთელი

hasta / sağlıklı

დამეხმარეთ!
İmdat!

განგაში
alarm

თავდასხმა
darp

შეტევა
saldırı

საფრთხე
tehlike

სათადარიგო გასასვლელი
acil çıkış

ხანძარი!
Yangın!

ცეცხლსაქრობი
yangın tüpü

უბედური შემთხვევა
kaza

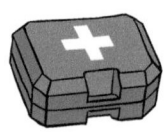

პირველადი დახმარების
აფთიაქი
ilk yardım çantası

SOS
imdat

პოლიცია
polis

ევროპა

Avrupa

ჩრდილოეთ ამერიკა

Kuzey Amerika

სამხრეთ ამერიკა

Güney amerika

აფრიკა

Afrika

აზია

Asya

ავსტრალია

Avustralya

ატლანტიკა

Atlantik

წყნარი ოკეანე

Pasifik

ინდოეთის ოკეანე

Hint Okyanusu

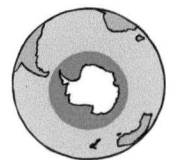

ანტარქტიკის ოკეანე

Antarktika Okyanusu

ჩრდილოეთის ყინულოვანი
ოკეანე

Arktik Okyanusu

ჩრდილოეთ პოლუსი

Kuzey Kutbu

სამხრეთ პოლუსი
Güney Kutbu

ანტარქტიდა
Antarktika

დედამიწა
dünya

ხმელეთი
kara

ზღვა
deniz

კუნძული
ada

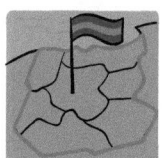

ერი
ulus

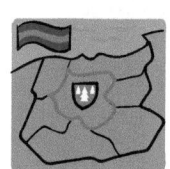

სახელმწიფო
ülke

ციფერბლატი

kadran

საათების ისარი

akrep

წუთების ისარი

yelkovan

წამების ისარი

saniye ibresi

რომელი საათია?

Saat kaç?

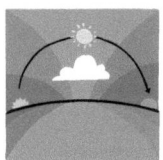

დღე

gün

დრო

zaman

ახლა

şimdi

ციფრული საათი

dijital saat

წუთი

dakika

საათი

saat

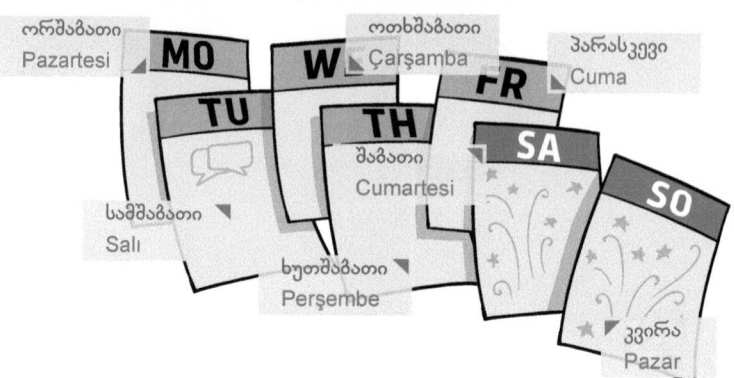

ორშაბათი
Pazartesi

ოთხშაბათი
Çarşamba

პარასკევი
Cuma

შაბათი
Cumartesi

სამშაბათი
Salı

ხუთშაბათი
Perşembe

კვირა
Pazar

გუშინ
dün

დღეს
bugün

ხვალ
yarın

დილა
sabah

შუადღე
öğle

საღამო
akşam

MO	TU	WE	TH	FR	SA	SU
1	2	3	4	5	6	7
8	9	10	11	12	13	14
15	16	17	18	19	20	21
22	23	24	25	26	27	28
29	30	31	1	2	3	4

სამუშაო დღეები
iş günleri

MO	TU	WE	TH	FR	SA	SU
1	2	3	4	5	6	7
8	9	10	11	12	13	14
15	16	17	18	19	20	21
22	23	24	25	26	27	28
29	30	31	1	2	3	4

შაბათი-კვირა
hafta sonu

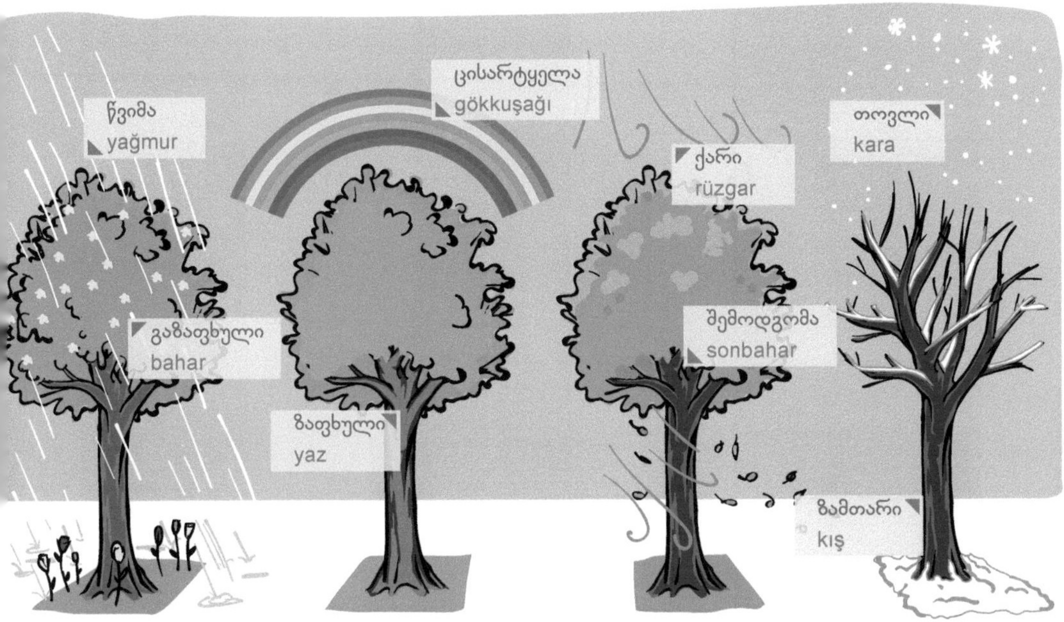

ცისარტყელა
gökkuşağı
წვიმა
yağmur
თოვლი
kara
ქარი
rüzgar
გაზაფხული
bahar
შემოდგომა
sonbahar
ზაფხული
yaz
ზამთარი
kış

4.APRIL 11°
5.APRIL 4°
6.APRIL 13°
7.APRIL 8°
8.APRIL 10°

ამინდის პროგნოზი

hava durumu tahmini

F C
120 40
30
90 20
60 10
30 0
0 -10
-30 -20

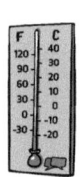

თერმომეტრი

termometre

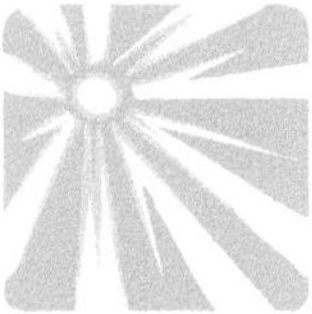

მზის სხივი

güneş ışığı

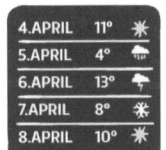

ღრუბელი

bulut

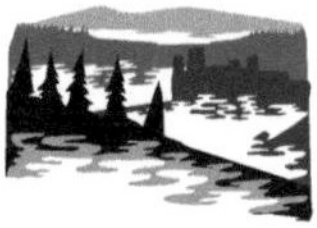

ნისლი

sis

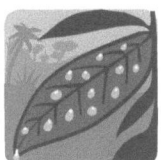

ტენიანობა

nem

ელვა
....
şimşek

ქუხილი
....
gök gürültüsü

შტორმი
....
fırtına

სეტყვა
....
dolu

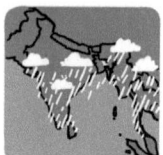

მუსონი
....
muson

წყალდიდობა
....
sel

ყინული
....
buz

იანვარი
....
Ocak

თებერვალი
....
Şubat

მარტი
....
Mart

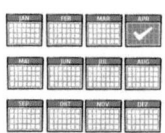

აპრილი
....
Nisan

მაისი
....
Mayıs

ივნისი
....
Haziran

ივლისი
....
Temmuz

აგვისტო
....
Ağustos

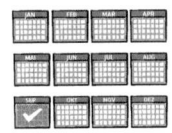

სექტემბერი

Eylül

ოქტომბერი

Ekim

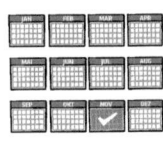

ნოემბერი

Kasım

დეკემბერი

Aralık

şekiller

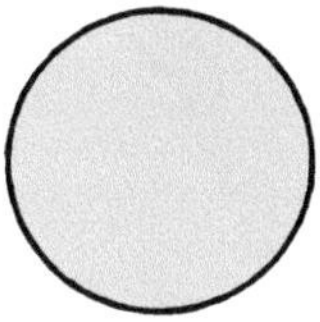

წრე

daire

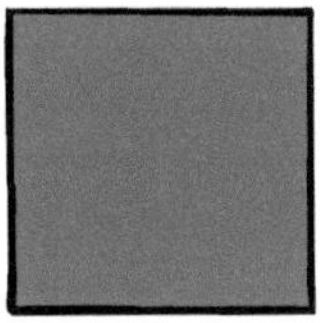

კვადრატი

kare

მართკუთხედი

dikdörtgen

სამკუთხედი

üçgen

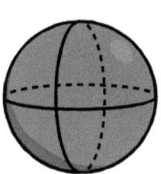

სფერო

küre

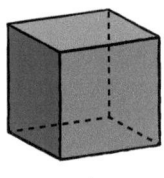

კუბი

küp

თეთრი

beyaz

ყვითელი

sarı

ნარინჯისფერი

turuncu

ვარდისფერი

pembe

წითელი

kırmızı

იისფერი

mor

ცისფერი

mavi

მწვანე

yeşil

ყავისფერი

kahverengi

ნაცრისფერი

gri

შავი

siyah

ბევრი / ცოტა

çok / az

გაბრაზებული / მშვიდი

kızgın / sakin

ლამაზი / მახინჯი

güzel / çirkin

დასაწყისი / დასასრული

başlangıç / son

დიდი / პატარა

büyük / küçük

ნათელი / მუქი

parlak / karanlık

ძმა / და

erkek kardeş / kız kardeş

სუფთა / ჭუჭყიანი

temiz / kirli

სრული / არასრული

tamam / eksik

დღე / ღამე

gün / gece

მკვდარი / ცოცხალი

ölü / canlı

განიერი / ვიწრო

geniş / dar

საჭმელად ვარგისი / საჭმელად უვარგისი

yenilebilir / yenilemez

ბოროტი / კეთილი

kötü / iyi

შთამბეჭდავი / მოსაწყენი

heyecanlı / sıkılmış

სქელი / თხელი

şişman / zayıf

პირველი / ბოლო

ilk / son

მეგობარი / მტერი

dost / düşman

სრული / ცარიელი

dolu / boş

მყარი / რბილი

sert / yumuşak

მძიმე / მსუბუქი

ağır / hafif

მოშიებული / მწყურვალე

açlık / susuzluk

ავადმყოფი / ჯანმრთელი

hasta / sağlıklı

არალეგალური / ლეგალური

yasa dışı / yasal

ინტელექტუალი / სულელი

zeki / aptal

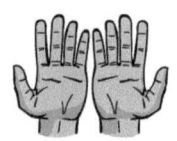

მარცხენა / მარჯვენა

sol / sağ

ახლოს / შორს

yakın / uzak

ახალი / გამოყენებული

yeni / kullanılmış

არაფერი / რაღაცა

hiçbir şey / bir şey

მოხუცი / ახალგაზრდა

yaşlı / genç

ჩართვა / გამორთვა

açma / kapama

ღია / დახურული

açık / kapalı

ჩუმი / ხმამაღალი

sessiz / gürültülü

მდიდარი / ღარიბი

zengin / fakir

მართალი / მტყუანი

doğru / yanlış

უხეში / გლუვი

pürüzlü / düz

სევდიანი / ბედნიერი

üzgün / mutlu

მოკლე / გრძელი

kısa / uzun

ნელი / სწრაფი

yavaş / hızlı

სველი / მშრალი

ıslak / kuru

თბილი / გრილი

sıcak / serin

ომი / მშვიდობა

savaş / barış

0

ნული
sıfır

1

ერთი
bir

2

ორი
iki

3

სამი
üç

4

ოთხი
dört

5

ხუთი
beş

6

ექვსი
altı

7

შვიდი
yedi

8

რვა
sekiz

9

ცხრა
dokuz

10

ათი
on

11

თერთმეტი
on bir

12

თორმეტი

on iki

13

ცამეტი

on üç

14

თოთხმეტი

on dört

15

თხუთმეტი

on beş

16

თექვსმეტი

on altı

17

ჩვიდმეტი

on yedi

18

თვრამეტი

on sekiz

19

ცხრამეტი

on dokuz

20

ოცი

yirmi

100

ასი

yüz

1.000

ათასი

bin

1.000.000

მილიონი

milyon

ინგლისური
....
İngilizce

ამერიკული ინგლისური
....
Amerikan İngilizcesi

ჩინური მანდარინი
....
Çince (Mandarin)

ჰინდი
....
Hintçe

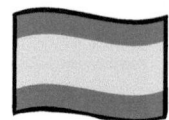

ესპანური
....
İspanyolca

ფრანგული
....
Fransızca

არაბული
....
Arapça

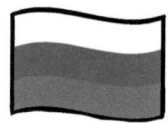

რუსული
....
Rusça

პორტუგალიური
....
Portekizce

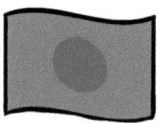

ბენგალური
....
Bengalce

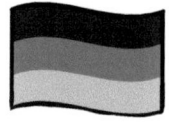

გერმანული
....
Almanca

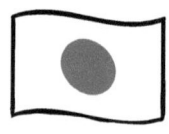

იაპონური
....
Japonca

მე
ben

შენ
sen

ის / ის / იგი
o

ჩვენ
biz

თქვენ
siz

ისინი
onlar

ვინ?
kim?

რა?
ne?

როგორ?
nasıl?

სად?
nerede?

როდის?
ne zaman?

სახელი
isim

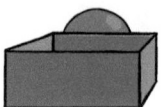

უკან

arkasında

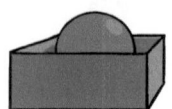

შიგნით

içinde

წინ

önünde

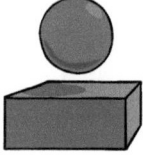

ზედ

üzerinde

=-ზე

üstünde

ქვეშ

altında

გვერდით

yanında

შორის

arasında

ადგილი

yer